AF176064

Danke

- meinem Opa Herbert, der mich überzeugte, dieses Büchlein entstehen zu lassen
- Angela und Walter Fromm, die mit Kompetenz und Engagement den Essaytext druckreif formatierten

MINT-verkopft und philosophieaffin, das ist Oskar, unser ältester Enkel.

Oma Adelheid und Opa Herbert

Ethik, BGYT19

Der Mensch in der Gesellschaft

Aus der Unterrichtsreihe:

Das menschliche Zusammenleben
Der Einzelne und seine Mitmenschen

Betrachtungen verfasst im Januar 2021

Bibliografische Information der Deutschen Nationalbibliothek:
Die Deutsche Nationalbibliothek verzeichnet diese Publikation
in der Deutschen Nationalbibliografie; detaillierte bibliografische Daten sind im Internet über dnb.dnb.de abrufbar.

© 2022 Oskar Niederhausen

Herstellung und Verlag: BoD – Books on Demand, Norderstedt

ISBN 978-3-7557-31306

Inhalt

Diese Betrachtungen in ihrer vorliegenden Form stellen keine politische oder moralische Positionierung dar. Sie sind eine Auseinandersetzung mit der Verschiedenheit von Meinungen.

Hinweise zur inhaltlichen Darbietung des Textes

Im Allgemeinen sei vermerkt, dass es sich bei rein sachlichen Darlegungen (insbesondere *Kapitel 1* sowie Anteile der Menschenbilder der behandelten Personen), also Essayanteile ohne eigene Beeinflussbarkeit, häufig um übernommene und modifizierte (zusammengefasste, neu strukturierte bzw. um Aussagen anderer Quellen ergänzte) Texte aus der *Wikipedia* handelt (Expansionen werden explizit durch Angabe der Quelle vermerkt).

Entsprechendes ist im Quellenverzeichnis vermerkt, die betreffenden Abschnitte werden jedoch ob ihrer Variation durch den Autor nicht als Zitate ausgewiesen, da die Relevanz auf der faktischen Wiedergabe des Inhalts beruht.

Anmerkung des Autors

Bei den Untersuchungen handelt es sich um Betrachtungen im ethischen/empirischen Rahmen des jeweiligen Menschen- und Weltbildes *durch* den Autor. Es wird kein Anspruch darauf erhoben, dass besagte Personen dieser Beurteilung zustimmen oder sie selbst so durchführen würden. Die Überlegungen entsprechen einer frei durch den Autor durchgeführten Betrachtung unter Bezug auf die Annahmen und Vorstellungen der besagten Personen. Da es sich hierbei nicht um die tatsächlichen Ansichten des Autors handeln muss, wird im Nachfolgenden zur Differenzierung zwischen *Autor als solchem* und *Autor als Anwender der behandelten Menschenbilder* letzterer als *Animus Hobbes* (für das Hobbes'sche Menschenbild), *Animus Freud* (für das Freud'sche Menschenbild) und *Animus Sartre* (für das Sartre'sche Menschenbild) bezeichnet (*animus*, lat. „Geist"). Dabei muss es nicht zwangsläufig zu einer Richtig-Falsch-Einteilung kommen.

Kapitel 1

Faktische Darlegung der Geschehnisse um den Sturm auf das Kapitol

1.1 Allgemeiner Überblick

Der Sturm auf das Kapitol in Washington, D.C., am Nachmittag des 6. Januar 2021 war ein gewaltsamer Versuch von Anhängern des 45. US-Präsidenten Donald J. Trump, die formale Bestätigung des Ergebnisses der Präsidentschaftswahl von 2020 durch den Kongress (gemeinsames Parlament aus Repräsentantenhaus uns Senat) zu verhindern.

Die Wahl wurde von Trumps Gegenkandidat Joe R. Biden Jr. gewonnen. Die Randalierer drangen in das Parlamentsgebäude, das Kapitol, ein und unterbrachen für mehrere Stunden die Sitzung des Kongresses. Im Zusammenhang mit diesen Protesten kamen sechs Menschen ums Leben, viele weitere wurden verletzt.

1.2 Vorgeschichte und Ablauf (*gekürzt*)

Der 45. Präsident der Vereinigten Staaten von Amerika, Donald J. Trump, hatte bereits im Verlauf des Präsidentschaftswahlkamptes 2016 behauptet, seine damalige Gegenkandidatin Hillary D. R. Clinton habe mehrere Millionen illegal abgegebener Wahlstimmen erhalten, wofür jedoch von einer von ihm einberufenen Kommission keine Belege gefunden wurden.

Im Wahlkampf 2020 erhob Trump ähnliche Vorwürfe gegen seinen Konkurrenten Biden und die Demokratische Partei. Diese planten angeblich einen massiven Wahlbetrug durch die Manipulation von Briefwahlstimmen, was der einzige Weg sei, Trump den Wahlsieg zu nehmen. Nach seiner Wahlniederlage blieb er bei seiner Darstellung und weigerte sich, das Ergebnis anzuerkennen. Eine von ihm gestartete juristische Kampagne, rechtlich gegen Bidens Wahlsieg bis auf höchste Gerichtsebene vorzugehen, blieb ohne Erfolg.

Darüber hinaus versuchte Trump, die Wahlergebnisse zu seinen Gunsten zu ändern, indem er zuständige Behörden zur Nachzählung aufforderte oder auf Verantwortliche telefonisch Druck ausübte, damit diese Wahlstimmen für ihn fänden. Dieses Vorgehen wurde von der Öffentlichkeit äußerst kritisch gesehen.

„Der frühere demokratische Präsidentschaftsbewerber Julian Castro schrieb auf Twitter, Trump ‚erpresst‘ Wahlleiter, um sich noch zu einem Sieg zu stehlen. Sein Vorgehen sei ‚kriminell und gefährlich‘. Der Abgeordnete Bobby Scott erklärte, Trumps ‚Verhalten ist eine gefährliche Bedrohung der Demokratie und verdient strafrechtliche Ermittlungen‘. Selbst der republikanische Abgeordnete Adam Kinzinger nannte Trumps Verhalten auf Twitter ‚absolut entsetzlich‘.“

(Quelle: SZ/dpa)

Trotz fortbestehender Beweislosigkeit von Trumps Behauptungen schenkten ihm viele Politiker [1] und Anhänger in der Bevölkerung Glauben und unterstützten ihn.

---

[1] https://www.factcheck.org/2020/12/nine-election-fraud-claims-none-credible/

1.3   Ereignisse am 6. Januar 2021

Am 6. Januar 2021 sollte der Kongress durch Auszählung der Stimmen des *Electoral College* (Kollegium der Wahlmänner, die den US-Präsidenten wählen) den Wahlsieg von Joe Biden bestätigen. Regulär handelt es sich dabei um einen rein formellen Akt; jedoch hatten mehrere Abgeordnete auf Druck Trumps Einsprüche gegen die Bestätigung eingelegt, wodurch sich die Sitzung hinzog.

An diesem Tag hatten Trump-Anhänger unter dem Wahlspruch „Save America" eine Demonstration in Washington, D.C., geplant. Trump selbst hatte im Vorfeld mehrfach angekündigt, dass dieser Tag „wild" werden würde. Er sprach gegen 12:00 Uhr im Park The Ellipse zu mehreren Tausend Teilnehmern. Dabei griff er Verschwörungstheorien und Behauptungen zur angeblicken Manipulation der Wahl erneut auf. Er appelierte an die Zuhörer, „nie nachzugeben", zu „kämpfen" und „uns unser Land zurückzuholen" [2].

Trumps Aufforderungen entsprechend marschierte ein Teil der Demonstranten (laut Medienberichten und Originalaufnahmen unter anderem konservative Trump-Anhänger, faschistische und neonazistische Aktivisten, militante Vertreter der *Alt-Right-Bewegung* und des *Patriot Movement*, MAGA-Anhänger, *Proud Boys* und Anhänger von *QAnon*, außerdem der republikanische Abgeordnete Derrick Evans; geschwenkt wurden Fahnen der Konföderierten und die Gadsden-Flagge) zum Kapitol und begann ab etwa 14:00 Uhr mit seiner Erstürmung unter schwacher Gegenwehr der zahlenmäßig unterlegenen Sicherheitskräfte. Um 14:13 Uhr wurde die laufende Sitzung des Kongresses unterbrochen und der Plenarsaal evakuiert. Mehrere Kongressabgeordnete mussten innerhalb des Gebäudes flüchten und sich in Räumen verschanzen.

---

[2]   https://www.rev.com/blog/transcripts/donald-trump-speech-save-america-rally-transcript-january-6

Die Eindringlinge gelangten in eine große Zahl an Innenräumen, so auch in den Plenarsaal des Senats und in das Büro von Nancy P. D. Pelosi, der Sprecherin des Repräsentantenhauses. Der Sitzungssaal des Repräsentantenhauses wurde kurzzeitig besetzt. Darüber hinaus attackierten die Demonstranten außerhalb des Kapitols Journalisten, die über die Kongresssitzung berichten wollten. Viele der Vorgänge wurden gefilmt und in den sozialen Netzwerken verbreitet. Um 14:30 Uhr bat die *U.S. Capitol Police* (für die Sicherheit am Kapitol zuständige Polizei) die US-Regierung dringend um Unterstützung durch weitere Bundeskräfte und die US-Nationalgarde (militärische Truppe für den Einsatz im Inneren).

Anmerkungen: Ein *Reuters*-Reporter berichtete, drei am Sturm auf das Kapitol beteiligte Personen hätten geäußert, Vizepräsident Mike R. Pence suchen und exekutieren zu wollen. Ein Washingtoner Polizist gab zu Protokoll, dass einige der militanten Protestierer Dienstausweise von Militär und Polizei vorgezeigt hätten, um Sicherheitsabsperrungen zu überwinden. Zudem tauchten in sozialen Medien Videos auf, die darauf hindeuteten, dass sich Polizisten der Kapitolpolizei mit randalierenden Trump-Befürwortern verbrüderten. Große Aufmerksamkeit erhielt beispielsweise ein Video, das einen Polizisten zeigt, der offenbar für ein Selfie mit einem Eindringling posierte.

Um 16:17 Uhr, kurz nach einer Ansprache Bidens, Trump solle seine Anhänger zu einer Beendigung der Belagerung aufrufen, veröffentlichte Trump ein Video, in dem er erneut die unbewiesene Behauptung wiederholte, er sei um seinen Wahlsieg betrogen worden, und die Randalierer lobte. Sie seien „große Patrioten", „sehr besonders" und er „liebe" sie, nun sollten sie jedoch friedlich nach Hause gehen. Daraufhin wurden seine Konten auf mehreren Plattformen sozialer Medien, z. B. Twitter, gesperrt. Laut Medienberichten weigerte sich Trump zunächst, Unterstützung für die Sicherheitskräfte im Kapitol zu entsenden (da es sich bei Washington, D.C., um Bundesgebiet handelt, kann ausschließlich die US-Regierung über den dortigen Einsatz von Bundeskräften entscheiden). Erst nachdem der im Kapitol eingeschlossene Pence interveniert hatte, gab die Regierung den Einsatz von Unterstützung am Kapitol frei, darunter auch die Nationalgarde für Washington, D.C.

Gegen 17:40 Uhr waren unter Aufgebot weiterer Sicherheitspersonals die Aufrührer zurückgedrängt und das Gebäude wieder gesichert worden. Die Einsatzkräfte stellten Rohrbomben und Brandflaschen in der Umgebung des Gebäudes und vor den Parteizentralen der Republikaner sowie Demokraten sicher.

„Die Bundesanwaltschaft kündigte auch Anklage gegen [einen Mann] aus Falkville, Alabama, an, der 11 Molotow-Cocktailgeräte ‚einsatzbereit' hatte, als er am Mittwoch während des Verstoßes und der Unruhen im Capitol festgenommen wurde. Der hausgemachte Sprengstoff enthielt Benzin und Materialien in Höhe von ‚hausgemachtem Napalm'. In einer Pressekonferenz des Justizministeriums am Freitag enthüllten Staatsanwälte, dass Behörden, die auf einen separaten Bericht über mögliche Rohrbomben reagierten, einen Pickup mit Alabama-Kennzeichen gefunden hatten. Darin befanden sich die Molotow-Cocktails, ein M4-Karabiner und zwei Handfeuerwaffen."

(Quelle: USA TODAY; aus dem Englischen via Google Übersetzer)

1.4   Unmittelbare Folgen

Durch die Ausschreitungen innerhalb des Kapitols wurde die formelle Anerkennung des Wahlergebnisses der Präsidentschaftswahl 2020 unterbrochen. Die Sitzung des Kongresses wurde um 20:00 Uhr fortgesetzt, die beantragten Einsprüche gegen die Wahlergebnisse wurden abgelehnt, Joe R. Biden und Kamala D. Harris als gewählter Präsident und gewählte Vizepräsidentin durch den senatsvorsitzenden Vizepräsident Pence bestätigt. Im Zusammenhang mit den Protesten und Ausschreitungen starben zwei Polizisten und vier Trump-Anhänger. Zahlreiche Menschen wurden verletzt, historisch bedeutsame Kunstwerke und weitere Einrichtungsobjekte in den Räumen des Kapitols beschädigt.

Bereits im Laufe des 6. Januar wurden 69 Personen festgenommen. Bis November desselben Jahres stieg diese Zahl auf über 500. Bundesbehörden kündigten eine große Zahl an Anklagen und Strafverfahren an, auch eine Ermittlung gegen Trump wurde nicht ausgeschlossen. Die Ermittlungen beziehen sich zudem darauf, warum die *Capitol Police* nur wenige Eindringlinge festgenommen hatte.

***

Im Zuge dieser Ermittlungen wurde — bisher einmalig in der US-Geschichte — ein zweites sogenanntes Impeachment-Verfahren (Amtsenthebungsverfahren, nach dem ersten 2019/20) gegen ein und denselben Präsidenten (i. e. Donald Trump) eingeleitet. Trump wurde schließlich freigesprochen, da die nötige Zwei-Drittel-Mehrheit der verfahrensbeteiligten Parlamentarier des US-Senats für einen Schuldspruch nicht erreicht wurde.

Darüber hinaus begann im Sommer 2021 ein Untersuchungsausschuss des Repräsentantenhauses seine Arbeit, der Umstände und Ursachen der Ereignisse vom 6. Januar 2021 klären sollte. Dabei kam es auch zu Befragungen der beteiligten Sicherheitskräfte und Vorladungen von ehemaligen Beratern und Vertrauten Trumps, die sich aber teilweise weigerten, diesen nachzukommen.

Präsident Biden ermöglichte außerdem die Einsicht in das Ereignis betreffende Akten über Kommunikation und Aktionen Trumps vor und am 6. Januar. Trump versuchte, diese unter Verschluss zu halten, was an 19. Januar 2022 vom Obersten Gerichtshof der Vereinigten Staaten letztlich abgelehnt wurde und damit erfolglos blieb.

Kapitel 2
Die Beurteilung der Ereignisse durch den *Animus Hobbes*

2.1 Ein Konnex zur Staatstheorie

Zunächst sollte ein kurzer Blick auf die staatstheoretischen Überlegungen zum besagten Vorkommnis geworfen werden. Der zugrunde liegende Fehler und somit der Ursprung des zu behandelnden Falles sind nämlich allein schon der, dass es sich bei den Vereinigten Staaten von Amerika um einen demokratischen Staat mit Gewaltenteilung handelt. Die Idee eines solchen Staatskonstruktes widerspricht dem Hobbes'schen Modell eines einzelnen Souveräns (bei dem es sich sowohl um eine Einzelperson als auch um ein Gremium handeln kann), durch den unterschiedliche Positionen in der Staatslenkung übergangen werden können, die sich ansonsten negativ auf die Handlungsfähigkeit, die Autorität und die Stärke desselben auswirkten; mit einem autoritären Souverän an der Spitze des staatlichen Apparats ist die Wahrscheinlichkeit und Durchführbarkeit eines derart anarchistischen Angriffs auf zentrale Institutionen wesentlich geringer. Mit diesem System vergleichbarer – wenn auch nicht absolutistisch – sind Staaten wie die Volksrepublik China oder die Islamische Republik Iran.

Wirft man zunächst einen Blick auf die Verfassung der Vereinigten Staaten, so sollte sich leicht erkennen lassen, dass es sich auch bei ihrer Konstitution um eine Form des Gesellschaftsvertrags handelt. Die Menschen, die in diesem Land leben oder in dieses Land kommen, tun dies nicht minder aufgrund der kontraktualistischen Umstände, die die US-Verfassung für sie und das Staatssystem mit sich bringt.

Nun sieht diese Verfassung als wichtige handelnde Instanz neben dem Präsidenten, der im Verhältnis zu anderen Staatsoberhäuptern demokratischer Länder ein äußerst umfangreiches Machtspektrum besitzt, auch ein legislatives Zweikammernsystem – genannt Kongress – vor, bestehend aus dem Senat und dem Repräsentantenhaus. Wie ihre Einordnung bereits andeutet, walten diese gesetzgeberisch und stehen somit sowohl qua ihrer staatlichen Institutionalität als auch ob ihrer Tätigkeiten als wichtige staatliche Einrichtungen großen bestimmenden Einflusses dar; sie bestimmen als Gesetzgeber aktiv über das Miteinander der Menschen. Folglich ist ihre Legitimität sowohl direkt verfassungsrechtlich als auch durch die Bevölkerung, die bereits über zweihundert Jahre durch diese Parlamente vertreten wurde und dem offenkundig nie derartig abgeneigt war, dass es zu einer Revolte kommen musste, gegeben und muss nicht weiter angezweifelt werden.

Faktisch haben die Bürger in der Gesamtheit keinen Grund zur Annahme, dass es tatsächlich einen Wahlbetrug gegeben hat, wie ihn Präsident Trump und ein Teil seiner Anhängerschaft propagieren. Allein durch die Tatsache, dass die Protestierenden unter gewaltbereiter Aufmachung entgegen den Anweisungen und Vorgaben der Sicherheitskräfte auf das Kapitol marschiert sind und gewaltsam darin eindrangen, brachen sie die Vereinbarungen des die USA begründenden Gesellschaftsvertrags in Form von strafbaren Handlungen. Derartige Vorgehensweise wäre nach Hobbes ausschließlich dann gestattet, wenn das Leben der (betreffenden) Bürger entgegen ihrem naturrechtlich gegebenen Selbsterhaltungstrieb und -recht durch Handlungen des Souveräns bedroht würde. Es stellt sich also die Frage, ob irgendjemand der Protestler in dieser Form bedroht wurde. Sie müssten eine klare Beweisführung dazu bringen – was inkludiert, dass die Wahl verfälscht wurde, dass Trump sie vor einem Unheil schützt, das Biden herbeiführen oder nicht abwenden könne, und das eine tatsächliche Gefahr für ihre Selbsterhaltung besteht – und auch im Falle einer argumentativen Darlegung, die sie im Recht sähe, hätten sie sich an die dafür vorgesehenen verfassungsrechtlichen Wege halten müssen, da auch sie als Teil dieses Staates die Verfassung bindet. Diesem Gedankengang folgend, waren die Protestierenden summa summarum im Unrecht.

Problematisch hingegen ist die Tatsache, dass der gesamtstaatliche Souverän in einer Demokratie das Volk ist. Der Souverän lässt sich in dieser Demokratie also von einer von ihm erwählten Gruppe von Menschen, an die er seine Macht delegiert, selbst beherrschen – und er kann nicht einfach als Gremium aus mehreren Mitgliedern verstanden werden, denn das setzte voraus, dass sich *alle* Bürger Amerikas einem Gremium gleich an einem Ort der Beratung immer wieder austauschen könnten. Eine derartig verschiedene Wesensform des Staates ist mittels Hobbes'scher Theorie genau genommen nicht effektiv verarbeitbar, da sie auf völlig anderen Rahmenbedingungen und Annahmen fußt.

Da aber nicht eine staatstheoretische Überlegung, sondern eine Analyse der Handlungen der Beteiligten mittels des Hobbes'schen Menschenbildes Ziel der Betrachtung ist, stellt diese Problematik kein Hindernis dar. Wichtig zu bedenken ist sie indes, denn eine politische Natur ist dem Ereignis nicht abzusprechen, und in Kombination mit der engen Verwobenheit des Hobbes'schen Menschenbildes und seiner Staatstheorie lohnt sich eine Ansicht des „Souverän-Status" durchaus.

2.2   Hobbes' Menschenbild

Nach Thomas Hobbes gibt es keine universell verbindlichen Moralstandards, womit er die Auffassung vieler seiner Zeitgenossen zum Skeptizismus und moralischen Relativismus teilte. Was es jedoch gibt, sind Naturrechte, die von Natur aus allen Menschen zueigen sind. Darunter fällt das Recht auf Selbsterhaltung, was dazu berechtigt, sich selbst gegen andere zu verteidigen. Demnach gilt in umgekehrter Richtung die (theoretisch moralische) Verpflichtung dazu, niemanden zu verletzen. Jedoch muss jeder Mensch zwecks seines natürlichen und zugestandenen Selbsterhaltungstriebs auch als eigener Richter agieren können, um situativ abzuwägen, inwiefern diese Verpflichtung tatsächlich greift.

In einem Naturzustand, in dem der Mensch zunächst frei, gleich, ohne Gesetze und ohne Staat, ohne Moral und ohne Tradition lebt, herrschen Gewalt, Anarchie und Gesetzlosigkeit: ein *bellum omnium contra omnes*. Dies muss nicht mit einer eventuellen „schlechten" Natur des Menschen zusammenhängen, sondern kann gänzlich rational begründet sein:

Was den Menschen antreibt, sind Verlangen, Furcht und Vernunft; nichts davon trägt prinzipiell dazu bei, dass sich Menschen in einem Staat zusammenschließen. Führt dieser Staat nämlich nicht zum eigenen Vorteil, so widerspricht dies dem natürlichen, unüberwindbaren psychologischen Egoismus des Menschen, der für sich selbst Vorteile in Anspruch nehmen will. Das Verlangen treibt die Menschen in ihrem Egoismus dazu, einander Gewalt anzutun, um sich selbst besagte Vorteile zu verschaffen.

> *„Sie* [die Menschen; Anm. d. Verf.] *scheuen keine Gewalt, sich Weib, Kind und Vieh eines anderen zu unterwerfen* [...], *das Geraubte zu verteidigen* [...], *sich zu rächen für Belanglosigkeiten wie ein Wort, ein Lächeln, einen Widerspruch oder irgendein anderes Zeichen der Geringschätzung. "*

> (Quelle: Wikipedia)

Ungleich sind die Menschen indes nicht, denn sei einer von ihnen auch noch so physisch stark, vermag es der Schwächere dennoch, ihn mit List zu besiegen. Es kann also von vorn herein niemand ob seiner Stärke wegen mehr Macht beanspruchen, als ihm durch die Natur gegeben ward. Daraus folgt wiederum ein stetiger Argwohn den anderen gegenüber. Selbst ein Mensch, der in Frieden lebt und anderen im Sinne der gedachten Verpflichtung dazu keine Gewalt antut, muss jederzeit damit rechnen, dass ein anderer käme, der auf sein Eigen aus ist. Infolge der Vernunft, die Selbsterhaltung gebietet, wird er dazu tendieren, prophylaktisch dagegen zu wirken und seinerseits diese Gefahr zu bekämpfen. Somit zwingen neben den zunächst als einzigen Grund angenommenen animalischen Trieben auch die Vernunft und elementarste Selbstschutzrechte die Menschen in den Krieg gegeneinander.

Auch hat der Mensch infolge seines *ius naturalis* der Selbsterhaltung die abgeleitete Verpflichtung, sich alles zu nehmen, was diesem förderlich ist. Es herrscht ein Recht aller auf alles (*ius in omnia et omnes*), was zwar umfassender Freiheit gleichkommt, aber auch keine Garanten für diese schafft. Gedachte Lösung dieses Problems wäre ein Übereinkommen innerhalb des Naturzustands, in dem Konflikte durch Vermittler gelöst würden. Die Vernunft gebietet hierbei jedoch wiederum, dass die aufgestellten Regeln nicht eingehalten werden müssen, wenn die Gefahr besteht, dass andere sie ebenfalls nicht einzuhalten gedenken, also dem Selbsterhaltungstrieb widersprochen wird; dem zuwider zu handeln wäre nicht rational. Es zeigt sich also, dass die drei Triebkräfte des Menschen, die seiner unsozialen – nicht per se bösartigen – Natur entspringen, diesen Urzustand nicht überwinden können. Was resultiert, ist leicht zu erkennen: Durch den immer fortwährenden Krieg leben die Menschen in ihrem Naturzustand „in ständiger Furcht und der drohenden Gefahr eines gewaltsamen Todes", ihr Leben ist „einsam, armselig, scheußlich, tierisch und kurz".

2.3   Im Bezug auf die Demonstranten

Nimmt man nun dieses Menschenbild und überträgt es auf die Protestierenden, die während der Ausschreitungen zugegen waren, ist durchaus eine Verifizierung von Hobbes' Annahmen zu erkennen. Anstatt einen Krieg aller gegen alle zu führen, haben sich in diesem Falle Menschen mit gleichen Interessen oder Überzeugungen, gleichen Feinden oder gleicher Herkunft zusammengetan, um ihren Anliegen öffentliche Aufmerksamkeit zu verschaffen, tatsächliche Vergeltungs- oder Warnungsakte auszuführen oder schlicht und ergreifend, um ihrem persönlichen Drang nach Destruktion, Aufmerksamkeit, Auf- und Ausfälligkeit nachzukommen. Die Motive mögen verschiedenen Ursprungs sein, weisen aber letztendlich immer Grundmuster auf, die das Hobbes'sche Menschenbild beinhaltet:

- **Drang nach Ruhm** – in Form von Aufmerksamkeit aufgrund der Einzigartigkeit der Tat
- **Gewaltbereitschaft** zum Erlangen eines eigenen Ziels – wie die Revidierung der Wahlergebnisse
- **Argwohn** – gegenüber dem Staat bzw. der Gesellschaft in Form von Verschwörungstheorien aufgrund potenzieller Gefahr, die von Konspirationen zur Wandlung der USA in eine Diktatur, einem weltweit agierenden Kinderhändlerring oder die Ausbeutung der Bürger Amerikas durch die „Elite" ausgehen.

Man kann bei dem behandelten Zwischenfall durchaus auch von einem temporären Rückschritt in den Naturzustand sprechen, denn es herrschten ein offener und in Teilen gewaltbasierter Kampf zwischen Interessengruppen sowie Gesetzlosigkeit und Anarchie mangels einer ordnenden Kraft. Hierin ist durchaus auch der Nachteil von Demokratie und Gewaltenteilung zu sehen. Schließt die Gemeinschaft einen Gesellschaftsvertrag unter Konstituierung eines umfassend mächtigen Souveräns, so ist es diesem gut möglich, seine Aufgaben der Sicherheitsschaffung und des Schutzes der Bürger voreinander wahrzunehmen. In einer Demokratie, mit all ihrer Machtverteilung und -trennung, zeitlich befristeter Herrschaft und Widerspruch duldender Staats- und Gesellschaftsform erschwert sich dieses Unterfangen in teils unmögliche Dimensionen.

Als Beispiel sei hier die Sperrung einiger Konten Trumps auf Plattformen sozialer Medien genannt, was an sich ein Akt des schnellen Handelns aufgrund anweisungsgebend-folgeleistungsgebundener Firmenhierarchien darstellte. Hingegen wurde in Deutschland dazu ein demokratischer Prozess aufgemacht, in dem darüber diskutiert wurde, ob es sich dabei nicht, der notwendigen Verhinderung von weiterer Fehlinformationsstreuung zum Trotz, um Beschränkung der

Meinungsfreiheit handele. Daran lässt sich gut erkennen, dass eine Demokratie mit dem menschlichen Wesen scheinbar nicht allzu richtig umzugehen vermag. Man fordert eine Überwindung des Naturzustands, in dem sich die Menschen gegenseitig ein Wolf waren (*homo homini lupus*), schafft aber anstatt eines starken Souveräns, der es vermag, das unsoziale Wesen des Menschen zu bändigen und ein insgesamt sicheres Miteinander auf Kosten der persönlichen Freiheit zu erhalten, eine halbherzige Form des bürgerlichen Zustands, der – wie der Sturm auf das Kapitol beweist – die den Bürgern drohende Gefahr durch andere nicht zu unterdrücken im Stande ist.

Kapitel 3

Die Beurteilung der Ereignisse durch den *Animus Freud*

3.1 Das Freud'sche Menschenbild

Das hier verwendete Menschenbild beruht – anders als bei so manchem Philosophen – auf wissenschaftlichen und empirischen Grundlagen, die auf der Psychoanalyse aufbauen; behandelt wird die medizinisch-psychologische Ansicht des Menschen, unabhängig von moralischen Standpunkten. Zentrale Aussage der Erkenntnisse dieser Forschungen ist: „Der Mensch ist nicht Herr seiner selbst." Sein Geist – das, was seine Handlungen antreibt und sein Wesen ausmacht – setzt sich neben dem, was uns bewusst bzw. uns scheinbar bewusst ist, auch aus einem beträchtlichen Teil zusammen, den wir Unbewusstes nennen. Das Unbewusste ist kein statisches System, sondern dynamisch und variabel – und bei jedem Menschen anders ausgeprägt. Es besteht aus nicht eingestandenen, verdrängten Konflikten, biographischen Daten, Verlangen und Trieben und ist der Träger verdeckter Wahrheiten und Erinnerungen.

Freuds psychischer Apparat teilt sich in drei wesentliche Ebenen, die in einem stetigen Kampf und Konflikt miteinander stehen (siehe auch grafische Darstellung):

- Das *Es* stellt die Triebhaftigkeit im Menschen dar und ist die älteste der drei seelischen Instanzen. Es reagiert auf Reize und stellt Forderungen im Sinne des Lustprinzips und der Leidenschaft; fordert, dem Folge zu leisten. *Libido* (Trieb der Sexualität) und *Destrudo* (Destruktions- und erweitert auch der Todestrieb) – zentrale Bereiche der Triebtheorie – entspringen hier.

- In der Begegnung mit dem sozialen Umfeld und den Mitmenschen, der Gesellschaft und der Umwelt entwickelt sich die zweite Ebene, das *Ich*. Dies ist die bewusste Entscheidungsinstanz, betraut mit Abwägung und Kontrolle; es waltet mit kritischem Verstand, dem Realitätsprinzip, der Vernunft und nach Besonnenheit – kurzum ein Moderator. Wichtig sind hier auch die Wahrnehmungen der Reaktionen der Außenwelt.

- Dritte Instanz, die stark durch die Erziehung beeinflusst wird, ist das *Über-Ich*. Es erwächst aus erlernten Moral- und Normvorstellungen, Regeln und Werten; seine Forderungen stellen das Gewissen, Ansprüche an sich selbst, Ge- und Verbote und im Negativfall die Schuld dar.

Die beiden Forderungspole *Es* und *Über-Ich*, Triebhaftigkeit gegen Ideale, stehen im ständigen Konflikt miteinander und wirken auf das *Ich* ein, dass zwischen beiden oszilliert und die Kontrolle behalten muss (vgl. fogende Abbildung).

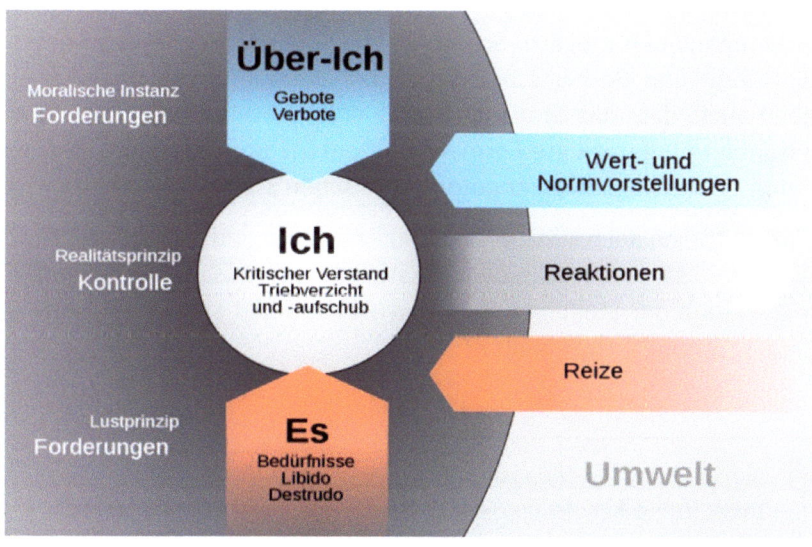

(Quelle: https://commons.wikimedia.org/wiki/File: Instanzenmodell.svg?uselang=de | *Urheber: Maxe85*)

Innere Konflikte, Neurosen und Psychosen entstehen nach Freud durch die allzu starke Unterdrückung und Verneinung der Triebe des *Es'*. Stehen die Triebe nämlich in zu großem Konflikt mit dem *Über-Ich*, das die gesellschaftlich-kulturelle Ebene des Menschen darstellt und als Nachfolger und Vertreter von Eltern und Erziehern fungiert, so beginnt das *Ich*, erstere zu unterdrücken, um durch das *Über-Ich* anerkannt zu werden und den eigenen, in letzterem enthaltenen Idealen zu entsprechen. Wichtig ist hier die soziale Komponente des Menschen und der Gefühlsdrang danach, von Wert zu sein. Die Triebhaftigkeit des *Es'* wird unterdrückt, staut sich und bricht im schlimmsten Fall irgendwann unkontrollierbar hervor.

Eine gesunde Unterdrückung des *Es'* ist notwendig für ein zivilisiertes Miteinander der Menschen; alles, was anderen auf Kosten der eigenen Interessen entgegen inneren Drängen wie Faulheit oder Müßiggang als Hilfe oder Leistung erbracht wird, stellt einen Triebverzicht dar. So drängt das *Über-Ich* zwar zu immer fortwährender inneren Konfliktführung, kultiviert den Menschen aber zugleich auch und lehrt ihn den Triebverzicht. Nur so ist ein geordnetes und friedliches Zusammenleben möglich. So war es die Sublimierung [3] der Triebe, die Kultur und Gemeinschaft schuf. Die Betrachtungen zeigen aber eben auch, dass das *Es* niemals völlig unterdrückt werden darf. Eine gesunde und gemäßigte Form von Akzeptanz und Auslebung der inneren Triebe trägt zu einer guten psychischen Konstellation bei.

Eine, natürlich auch künstlerisch umgearbeitete und zugespitzte, aber dennoch sehr eindrucksvolle Darstellung zur zusammenfassenden Imagination der Stellung des Unbewussten findet sich in der Netflix-Serie „Freud" [4]. Dort heißt es:

---

[3] Sublimierung (Psychoanalyse):
     https://de.wikipedia.org/wiki/Sublimierung_%28Psychoanalyse%29
[4] „Das Haus, das ich bin":
     https://www.youtube.com/watch?v=TQPdYjLJYyQ (das im Video Gehörte wurde von mir aufgezeichnet und hier zitiert)

„Ich bin ein Haus. In mir ist es dunkel. Mein Bewusstsein ist ein einsames Licht, eine Kerze im Luftzug. Alles andere liegt im Schatten. Aber sie sind da, die anderen Zimmer, Nischen, Gänge, Treppen, Türen. Und alles, was darin wohnt, alles, was darin wandelt. Es ist da, es lebt in diesem Haus, das ich bin. Verbotene Gedanken, Erinnerungen, die wir nicht im Licht sehen wollen. Sie tanzen um uns herum in der Dunkelheit. Sie spuken, sie flüstern, sie machen uns Angst. Sie machen uns krank. Sie machen uns hysterisch."

(Quelle: „Das Haus, das ich bin":
https://www.youtube.com/watch?v=TQPdYjLJYyQ)

3.2   Eingeschränkte Betrachtung

Sieht man sich die Methoden an, unter denen Freud zu seinen Erkenntnissen gelangte, so fällt unweigerlich auf, dass stets ein direkter Bezug zum Patienten herrschte. Die Psychoanalyse, also die wortwörtliche „Seelenzerlegung", spürt das Unbewusste in den Menschen in ihrem Verhalten, Träumen und Phantasien auf. Durch Bewusstmachung desselben wird eine Heilung von etwaigen psychischen Problemen bezweckt. Aktuelle neurotische Störungen beispielsweise haben ihren Ursprung in der frühen Kindheit, genauer in den Phasen der psychosexuellen Entwicklung [5] und eventuell dort erwachsenen Komplikationen (z. B. der Ödipus-Komplex [6]). Zur Erlangung eines derart tiefgehenden Zugangs zum Innersten des Menschen „setzt[e] Freud sich hin, legt[e] die PatientInnen auf die

---

[5]   Psychosexuelle Entwicklung:
– https://de.wikipedia.org/wiki/Infantile_Sexualit%C3%A4t
– https://de.wikipedia.org/wiki/Psychosexualit%C3%A4t
– https://arbeitsblaetter.stangl-taller.at/WISSENSCHAFTPSYCHOLOGIE/
  PSYCHOLOGEN/Freud.shtml
[6]   Ödipuskomplex: https://lexikon.stangl.eu/1867/oedipuskomplex/

Couch und hört[e] ihnen zu. Aufmerksam registriert[e] er jedes Wort und jede darin enthaltene Nuance, um verborgene Bedeutungen aufzuspüren" (Stangl, 2021). Essenziell sind also der persönliche Kontakt und die genaue Untersuchung und Bewertung des vom Patienten Gesagten. Aus gegebenen Gründen ist es mir natürlich nicht möglich, dieses Freud'sche Szenario tatsächlich an allen Beteiligten des Sturms auf das Kapitol anzusetzen. Daher wird die folgende Analyse ihres Verhaltens weniger von den eventuellen hintergründigen und kausalen Problemen ihrer Psychologie handeln, sondern verstärkt mit allgemeinerer Beurteilung hantieren; man könnte es als Fernanalyse bezeichnen, die aus den gegebenen Fakten – jedoch ohne allzu tiefgehendes, höchst umständlich zu erlangendes persönlich-psychologisches Wissen über einzelne Teilnehmer – ein verallgemeinertes Resümee zieht.

3.3   Triebe und Moral „Hand in Hand"

Ich will zu Beginn Überlegungen anstellen, die sich entfernt vom in Freuds Theorien stark ausschlaggebenden Faktor der Sexualität in der Seele des Menschen befinden. Zunächst müssen Gedanken über die Stellungen von *Ich*, *Es* und *Über-Ich* der beteiligten Protestler gemacht werden, um einen für sie adäquaten Freud'schen Apparatus zu konstruieren, auf dessen Beurteilung alles Weitere fußen soll.

Dass es sich bei den Gewaltexzessen des Ereignisses um eindeutige Ausbrüche des *Destrudos* als Teil der Triebe des *Es'* handelt, bedarf – so denke ich – keinen weiteren Begründungen. Dieser Trieb ist es, der Zerstörungswillen im Menschen hervorruft, sei es aus tatsächlicher Wut heraus zur Kanalisation von Aggressionen oder aus der reinen inneren Befriedigung, die sich für den Betreffenden bei destruktiven Handlungen einstellt. Zu beachten ist nun, dass das Walten der Randalierer in hohem bis gänzlichem Maße dem *Destrudo* entsprach – ihr Handeln scheint also durch und durch von inneren Trieben geleitet worden zu sein; das *Es* übernahm offenbar die Kontrolle. Was bedeutet dies nun für die beiden anderen Instanzen ihrer Seelen? Denkbar sind verschiedene Optionen: Die Beteiligten besaßen ein schwaches *Ich*; ihr *Über-Ich* war nicht stark ausgeprägt; oder es handelte sich etwa um einen Ausbruch von lange unterdrückten Trieben des *Es'*.

Eines vorab: Gesprochen werden kann nicht für alle Teilnehmer. Aber andere Beobachtungen wie die Umstände, aus denen sich der Vorfall erst ergeben hat, die Gruppierungen, denen die große Mehrzahl der Demonstranten angehörte, und ihr öffentlich wahrzunehmendes Verhalten sowohl vor, während als auch nach der Tat lassen für mich auf eindeutige Bestimmungen schließen: Ein Großteil der Beteiligten scheint weder ein schwach ausgeprägtes *Ich* zu besitzen noch eine kollektive urplötzliche Form eruptiver, lange unterdrückter Triebhandlungen durchlebt zu haben. Ich tendiere viel eher dazu zu sagen, dass ihr *Über-Ich* entweder infolge eines dafür verantwortlichen Elternhauses nur sehr schwach und nicht durchsetzungsfähig ausgeprägt ist, womit dem *Es* ungemein erleichtert wird, das *Ich* stetig auf seiner Seite zu haben und entsprechende Handlungen verüben zu lassen; oder aber, dass dieses *Über-Ich* vom Elternhaus und Umfeld in seiner Bildung dem *Es* derartig angeglichen wurde, dass beide – statt zweier entgegengesetzter Forderungspole – ein Monopol bilden, das triebhafte Handlungen unterstützt und einer an die Triebe angeglichene Moralform aufweist, die fertigzubringen vermag, nicht gegen die eigenen Triebe zu tendieren. Dies erklärt sowohl die gesellschaftliche Randposition, die derartige Gruppen relativ zum Durchschnittsbürgertum (meistens) aufweisen – denn großflächige Sublimierung ihrer Person wurde durch (beinahige) Similarität von *Über-Ich* und *Es* verhindert –, als auch ihre fortdauernde selbstbezogene Legitimität, in derer sie ihre Handlungen als richtig und positiv bewerten (was – wie bereits erwähnt – nicht auf alle zutreffen muss), denn ihre Moral und Triebhaftigkeit gehen in ihnen Hand in Hand einher.

In dieser psychischen Konstellation finden sie persönlichen Anschluss nur mit denjenigen, denen eine ähnliche bis gleiche Disposition zu eigen ist. Dies verhindert jedoch nicht, dass sie gesellschaftlich – wenn auch nicht durch ihre Gewalttaten, so doch über die von ihnen unterstüzten Fehlinformationen – (breiten) Zuspruch in der Bevölkerung erlangen können. Dies sollte sich einfach an eigenen Erfahrungen festmachen lassen: Man stimmt mit jemandem in einer Sache überein, glaubt ihm Dinge, die die eigenen Überzeugungen unterstützen, sieht ihn Ziele verfolgen, die auch einem selbst zusagen mögen, so wird man dennoch nicht zwangsläufig persönlich mit ihm befreundet oder auch nur bekannt sein wollen.

Unabhängig davon: Stellt man sich die „moralische Herausforderung" der Beteiligten projiziert auf das nun erstellte Konstrukt ihrer Psyche vor, kann man die Gesellschaft als betrachteten Feind verstehen, gegen den das *Über-Ich* eingestellt ist. Möglicherweise gebietet es ihnen sogar die Moral, entgegen diesem Feind zu handeln, weil dieser sonst für Schaden sorgen könnte (siehe unter anderem die Überzeugung von Mitgliedern rechtsextremer Organisationen [7], [8], die eine bevorstehende, teils politisch gewollte Auslöschung der weißen Rasse propagiert). Da *Über-Ich* als moralgebende Instanz und *Es* in gleiche Weise tendieren, äußert sich ein der Moral genügendes Verhalten „*es*-konformen" Handelns im Ausleben von Trieben des *Destrudo*.

In einem anderen Denkszenario kann es sich bei den Handlungen der beteiligten Demonstranten auch um Auswüchse eines inneren Konflikts handeln, der sich daraus ergibt, dass Gesellschaft und Etabliertes als *Über-Ich*-Form betrachtet werden, der gegenüber besagte Personen durch Handlungen ihres *Ichs*, das das eigene, kaum ausgeprägte *Über-Ich* zu umgehen vermag und mit laufender Unterstützung oder gar Übernahme durch das *Es* agiert, Abwehrverhalten zeigen – da sie Feinde in der Allgemeinheit sehen. Dieses ist interessanterweise vergleichbar mit den Methoden, die nach Freud das

---

[7]   https://de.wikipedia.org/wiki/Gro%C3%9Fer_Austausch

[8]   ZDF Politik Auslandsjournal: Amerikas erstarkte Rechte:
       https://www.zdf.de/politik/auslandsjournal/amerikas-erstarkte-rechte-
       100.html

Ich ansonsten anwendet, um genau entgegengesetzt dazu das *Es* zugunsten des *Über-Ichs* zu verdrängen [9]:

Im Sinne der *Kompensation* setzten sie dem „etablierten" friedlichen Umgang in der Gesellschaft ein gewaltträchtiges und autoritäten-verachtendes Handeln gegenüber, um mögliche Mängel in ihrer gewollten öffentlichen Wahrnehmung zu beseitigen. Sie *verleugnen*, in umgekehrter Weise zum Psychotiker, der die Realität seines *Es'* verdrängt, die Autorität und Mahnungsfunktion des gesellschaftlichen *Über-Ichs* und setzen dem eine eigene, den favorisierten Trieben genügende Wahrheit von Weltverschwörungen und Legitimität ihrer Agitation vor.

Möglicherweise *verschieben* sie auch Triebe, die sich ansonsten auf ein anderes, ihrer eigentlichen Aggression geltendes, aber für sie unerreichbares Objekt projizieren, auf Einrichtungsgegenstände des Kapitols und Sicherheitskräfte. Diese Ersatzobjekte sind zwar nicht das eigentliche Ziel ihrer Wut, stellen aber eine Entladungsstelle für sie dar.

Im Bezug auf die geistigen Führer oder ideologischen Köpfe der verschiedenen Überzeugungsrichtungen der Beteiligten ist es auch durchaus möglich, dass eine *Identifikation* der Anhänger erfolgt ist. Ideen der leitenden Personen werden dann in die eigene Anschauung integriert (*Introjektion*) oder an einem selbst bestehende Mängel auf die gedachten Feinde projiziert (*Projektion*).

---

[9]   Abwehrmechanismen des Ich: Stangl, 2021: https://arbeitsblaetter.stangl-taller.at/WISSENSCHAFTPSYCHOLOGIE/ PSYCHOLOGEN/Freud.shtml

Kapitel 4

Die Beurteilung der Ereignisse durch den *Animus Sartre*

4.1 Die philosophische Ausrichtung des Existenzialismus

Bevor sich der Text um die existenzialistischen Gedanken nach Sartre drehen wird, sei vorab angemerkt, dass es sich bei den Überlegungen und dazu gehörigen Hintergrundgedanken um eine auf die zu behandelnden Umstände heruntergebrochene, „verpraktizierte" Philosophie handeln wird. Eine Beschäftigung mit metaphysischen Aspekten, wie sie z. B. in Sartres Werk *„Das Sein und das Nichts"* beleuchtet werden, kommt hier mangels direkten Anwendungsnutzens nicht zum Tragen.

Als grundlegendes Axiom wird nach einer in der Philosophie gängigen Methode angenommen, dass allem Seienden zwei Dinge zuzeigen seien:

- die Essenz, also *was* es ist, und
- die Existenz, also *dass* es ist.

Stellt man sich nun unter atheistischer Annahme vor, es gäbe keinen Gott, der als Schöpfer des Menschen fungieren könnte, so zeigt sich die für die folgenden Überlegungen elementare Tatsache, dass die menschliche Existenz gezwungenermaßen der menschlichen Essenz vorausgeht; „der Mensch [...] ist nicht definierbar, weil er zunächst nichts ist" [10], anders als „die komplett [erklärte] Welt" [11] um ihn herum. Das menschliche Sein (Für-Sich) unterscheidet sich von dem anderen Sein, den Dingen, Tieren, Sachen etc. (An-sich) durch seinen Bezug zum Nichts. Der Mensch, so Sartre, ist ein Sein, „das nicht das ist, was es ist, und das das ist, was es nicht ist" [12]. Als einziges Wesen, das verneinen kann, das einen Bezug zu dem Noch-Nicht oder Nicht-Mehr hat, das lügen kann, also das zu sagen fähig ist, was nicht ist, hat der Mensch damit auch die Bürde der Freiheit und damit auch die Verantwortung. [13]

Dies ist ein zentraler Gedanke im existenzialistischen Menschenbild: Der Mensch ist frei, da es keine vorgegebenen Normen gibt, nach denen er sich richten muss, denn es gibt keine Universalmoral; aber er ist eben auch allein, da es auch keine Werte gibt, nach denen er sich richten kann. Was er ist, kann nur er selbst entscheiden, indem er handelt und ist – was ihm die volle Freiheit, aber auch die volle Verantwortung für sein Leben auferlegt. Er ist ein freies, aber selbstverantwortliches Wesen, das „dazu verurteilt [ist], frei zu sein" [11]. Der Mensch lebt mangels einer Vorbestimmung als ein Entwurf von sich selbst, dem nichts vorausgegangen ist. Er hat die Freiheit, diesen Entwurf jederzeit zu revidieren, zu verwerfen oder einen neuen

---

[10] Aus dem Lehrmaterial Ethik Stufe 11 „M3 Der Existentialismus ist ein Humanismus – ein Text Sartres' mittels einer Strukturskizze erfassen" (Text: Sartre, Jean-Paul: Der Existentialismus ist ein Humanismus und andere philosophische Essays (1946), übersetzt von Vincent von Wroblewsky, 7. Auflage, Rowohlt Taschenbuch Verlag, Reinbek bei Hamburg 2014, S. 147–155)

[11] Aus dem Lehrmaterial Ethik Stufe 11 „M7 Philosophische Anthropologie im 20. Jahrhundert" (Hannah Arendt: Die Geburt des Selbst bei Kierkegaard)

[12] Jean-Paul Sartre: Das Sein und das Nichts, Reinbek rororo, 1993, S. 191

[13] https://de.wikipedia.org/wiki/Existentialismus (als explizite Erwähnung, da ansonsten eigener Text)

Entwurf zu wagen. Das Wissen um und die Angst vor dem Tod als dem „Ereignis, bei dem [er] garantiert allein [ist]" [12], spornen den Menschen zum Handeln an.

Dennoch folgert aus diesen Überlegungen kein egoistischer Individualismus. Damit sich das Ich als eigenes Wesen erkennt, muss es eine Differenzierung erfahren. Diese wird hervorgerufen durch den Anderen, der im Ich ein Bewusstsein seiner selbst entstehen lässt. Handelt das Ich, so spiegeln die Reaktionen der Anderen, wie dieses Handeln eingeordnet wird. Durch die Reaktionen definiert sich immer wieder von Neuem, wie das Ich gesehen werden will, wie es sich selber neu entwirft – denn das Ich ist nichts, seine Definition nicht vor dem Tod als finalem Ereignis möglich. So ergibt sich eine stetige Wechselwirkung zwischen der Freiheit des Anderen, die Handlungen des Ichs zu beurteilen, und der Freiheit des Ichs, sein eigenes Verhalten zu bestimmen.

Die Freiheit, sich selbst zu erschaffen – oder besser, zu entwerfen – besitzt der Mensch nicht nur mit Blick auf die Gegenwart oder die Zukunft, sondern auch auf die Vergangenheit. Behält man nämlich die Annahme bei, der Mensch sei nicht vordefiniert und in seinem Handeln und Sein durch Entwürfe geprägt, so determiniert die Vergangenheit den Menschen nicht, denn erst mit dem Tod wird er unabänderlich und feststehend definiert. Jeder hat schließlich die Freiheit dazu, Vergangenes hinter sich zu lassen und sich vollkommen neu zu entwerfen. Verweist man hingegen auf die deterministische Natur der Vergangenheit, so ist dies doch nichts Weiteres als die Flucht davor, in der Zukunft ob seiner Freiheit wegen verantwortlich zu sein; eine solche Verneinung der eigenen Wahl ist stets eine Unaufrichtigkeit und Flucht vor der Angst, aufgrund der Freiheit in der Entscheidung versagen zu können. Aber gerade diese Angst ist Voraussetzung unseres Handelns, denn sie ist die Verantwortlichkeit, sowohl gegenüber einem Selbst als auch allen Anderen. Der Umgang mit ihr ist die moralische Größe des Menschen. [14]

4.2   Ein Versuch zur Beurteilung im Sinne Sartres

Der Existenzialismus beschwört die Wichtigkeit des Anderen, damit sich das Ich erkennt und stetig weiter ausbildet. Dies gibt seine soziale Facette wieder. Wer aber genau unter „der Andere" zu verstehen ist, liegt mangels entgegensprechender Gründe immer auch im Hoheitsbereich der jeweiligen Ansichten des Ichs. Prinzipiell und naheliegenderweise wäre es durchaus sinnvoll, eine möglichst breit gefächerte Menge an Ansichten und Auffassungen in den Anderen wiederzufinden, da dadurch eine vielumfassende Reflexion des eigenen Handelns geschähe und keine einseitige Bewertung vorgenommen würde, die im Grunde gleichwertig mit ausschließlich eigenem Deuten und Ermessen wäre. Dennoch schließt dieses Axiom die Exklusion bestimmter Anschauungen nicht aus, was sicherlich auch bei jeder Anwendung der Fall sein wird, inklusive der eigenen. Als Beispiel zu bringen wäre ein Mensch, der fest auf dem Boden des Grundgesetzes der Bundesrepublik Deutschland steht. Er wird sich wahrscheinlich nicht in der Meinung eines rechtsextremen Nationalisten widerspiegeln wollen, sondern dessen Urteil über sein Handeln einfach missachten. Auf Basis des Grundgesetzes wäre dies vielleicht auch nicht falsch. Problematisch ist aber, dass das Grundgesetz ein gemeinschaftlicher, aber kein fundamentaler Wert wie eine Naturkonstante ist. Im Bezug auf die Aussage des Existenzialismus – es gäbe keine grundlegenden Werte und jeder Mensch sei in seiner Selbstdefinition (also in seinem Tun und Sein, was auch sein Denken

---

[14] Aus dem Lehrmaterial Ethik Stufe 11 „M1 Fachwissenschaftliche Orientierung zum Existenzialismus" mit den Schwerpunkten „I Der Existentialismus – eine europäische Protestbewegung", „II Verurteilt, frei zu sein! – Das Menschenbild Sartres", „III Determiniert im Blick des Anderen", „IV Sartres Wirkung bis heute" (keine Textquelle vorhanden)

beinhaltet) frei – ist es jedoch durchaus möglich, dass bestimmte Andere als nicht zu *den* Anderen notwendigerweise zugehörig angesehen werden und man sie somit anders, ausschließend behandelt. Der Existenzialismus kann in dieser Reinform keine moralischen Forderungen stellen.

Hautfarbe, Geschlecht oder sexuelle Vorlieben als Beispiele sind also keine Dinge, deren Deutung ihres Vorhandenseins als Gegenargument zur Gleichberechtigung durch den Existenzialismus widersprochen werden muss. Es kann so sein, ist jedoch nicht zwingend. Demnach ist weder die Gesinnung der Protestierenden noch ihr Handeln als grundsätzlich unmoralisch zu verurteilen, schlichtweg deshalb, weil es keine allgemein bindende Moral geben kann.

Wir können aber mit Leichtigkeit feststellen, dass ihre Taten den Gesetzen widersprachen, die für die Gemeinschaft, in der sie leben, gelten. Wie ist dieses Regelwerk nun in Verbindung mit den existenzialistischen Grundannahmen zu bringen? Mit jeder Entscheidung, die ich tätige, gebe ich auch immer ein Bild davon ab, wie in meinen Augen ein Mensch zu sein hat. Gestalte ich mich selbst, gestalte ich also auch die Menschheit. Ich habe so zu handeln, als ob jeder stets dabei zusehen und gleich handeln könnte. Daraus folgt in logischer Konsequenz, dass mein Handeln einen Verbindlichkeitsstatus für alle Menschen hat – ähnlich dem Kant'schen Kategorischen Imperativ; ich muss stets so handeln, wie ich es von Anderen auch erwarten würde. Die Frage nach der Beurteilung des Handelns mithilfe des hier verwendeten Menschenbildes lässt sich also in zweierlei Richtungen ausdifferenzieren:

- Zum einen gibt es, der grundlegendsten, nicht weiter fortgeführten Überlegung im Sinne des fundamentalen Menschenbildes zufolge, keinen Grund zu sagen, das Verhalten der Demonstranten wäre „falsch" gewesen; mangels der Begründbarkeit von Richtigkeit und Falschheit in einer Welt, die keine grundlegenden moralischen Forderungen und Festlegungen treffen kann, ist auch eine Rechtfertigung dieser Taten nicht möglich. Es kann keine weiterführende Aussage getroffen werden als die, dass die Protestierenden sich ihrer Freiheit entsprechend verhalten haben, denn nichts konnte ihnen vorschreiben, dass das, was sie taten, falsch sein sollte. Einzig die Freiheit der Mitmenschen, die sie in diesem Zusammenhang bedrohten, wurde beeinträchtigt, die soziale Komponente der existenzialistischen Überlegungen wurde nicht erfüllt. Dazu bestand aber auch kein Zwang, denn ganz offensichtlich handelte es sich bei den bedrohten Menschen nicht offenkundig um solche, deren Inklusion in den Kreis der „Anderen von Nöten" aus Sicht der Demonstranten auch obligatorisch war. Sie handelten nach einer zwar gesellschaftlich falschen, aber elementar nicht falschen Weise.

- Zum anderen gibt es da aber noch die Überlegung der Moralphilosophie und die Haltung Sartres dazu. Denn was wir aufgrund der vorausgegangenen Feststellungen sagen können, ist, dass die Protestierenden so zu handeln hatten, wie sie es auch von ihren Mitmenschen erwartet hätten. Sogar das mag auf den ersten Blick der Fall gewesen sein: In ihren Augen hatten sie sich als Amerikaner in ihrem unerschütterlichen Freiheitsdrang gegen einen (möglicherweise tatsächlich so wahrgenommenen) Wahlbetrug zu wehren, was für sie darin bestand – wenn man das Ergebnis nicht schon ändern kann –, dann doch für möglichst viel Aufruhr und Angst bei den Verantwortlichen zu sorgen, um ihnen künftig solche „Verbrechen" unschmackhaft(er) zu machen. Doch hier muss eingehalten werden, um die Gesamtsituation genauer betrachten zu können. Handelten die Beteiligten tatsächlich im Rahmen dessen, was sie als richtig erachteten? Diese Frage kann man auch dahingehend umformulieren, als dass sie allgemeiner fragt: Was ist Moral und wie muss sie sein?

Vermeintlich zumindest setzt Sartre in seinem Existenzialismus keine moralischen Forderungen. Dies gilt aber nur dann, wenn man diese Moral im Kant'schen Sinn als feste Normenethik betrachtet. Löst man sich von dieser durchweg etablierten Vorstellung, so kommt man zu dem Ergebnis, dass es auch eine der jeweiligen Situation angepasste Moral geben kann, die dem Menschen nicht bloß in abstrakter und vielleicht sogar irreführender Weise fest und deterministisch vorschreibt, was er denn zu tun und zu lassen hat. Oder anders ausgedrückt:

> *„Es gibt keine abstrakte Moral. Es gibt nur eine Moral in Situation, also eine konkrete Moral. Denn die abstrakte Moral ist die des guten Gewissens. Sie setzt voraus, dass man in einer von Grund aus amoralischen Situation moralisch sein kann. [...]*
>
> *Die Moral ist die Idee, [...] dass man ‚sein Gewissen für sich haben' kann."*

(Quelle: [15])

Im Zusammenhang damit stellt sich die Frage zum Wesen der Gewaltausübung und der wiederum darüber schwebende Gedanke nach einer existenzialistisch orientierten Einordnung all dieser Begriffe in ein System.

> *„Was aber heißt, einem Menschen Gewalt antun? Zunächst einmal, ihn als Freiheit anerkennen. Da ich von ihm fordere, erkenne ich ihn als frei an. Gleichzeitig jedoch heißt es, ihn zum reinen Determinismus erklären. [...] Wenn er spricht, während ich ihn foltere, erkennt er meine Überlegenheit an. Seine Freiheit hat der meinen nachgegeben. Doch da es die Folter ist, die ihn zum Sprechen bringt, hat er sich bis auf die Ebene des determinierten Dings erniedrigt."*

(Quelle: [15])

Ist aber diese Gewaltanwendung in den Augen des Anwenders – auch im Bezug auf die gerade genannten Überlegungen – moralisch legitim, so ist ihm in existentialistischer Sicht nicht verboten, sich ihrer zu bedienen.

---

[15] https://www.deutschlandfunk.de/jean-paul-sartre-entwuerfe-fuer-eine-moralphilosophie.700.de.html?dram:article_id=82328

Freiheit in der Selbstgestaltung bedeutet auch, sich selbst der Maßstab für das Gute zu sein. In dieser Sichtweise steht es mir im Übrigen sowohl frei, mein eigenes „Gut" als Maßstab zu nehmen, das sich von denen der Anderen unterscheidet, oder mein „Gut" auch im „Gut" eines Anderen zu sehen, beispielsweise in den Gesetzen des Staates, in dem ich lebe. Umgekehrt kann sich also daraus auch das „Böse" ergeben; wiederum in der Ambivalenz, dass mein „Böse" am eigenen Maßstab entsteht oder sich im „Bösen" des gesellschaftlichen Verständnisses wiederfindet. Dieses „Böse" als Dissonanz zwischen verschiedenen Gut-Maßstäben ist letztendlich der Ursprung der Gewalt. Das muss er auch sein, denn herrscht eine Harmonie, so kann von Gewalt kein Gebrauch gemacht werden. Gewalt entspringt folglich dem moralischen Zusammenhang und wirkt sich, wie zuvor bereits erwähnt, auf die Freiheitsräume der Beteiligten aus. Es kann also nicht *das* Böse an sich geben, was mit dem existenzialistischen Widerspruch zu universellen Werten korrespondiert.

> *„Die GEWALT* [sic!] *ist ein absolut BÖSES* [sic!] *vom Gesichtspunkt des Anderen aus* [...]. *Und nur unter diesem Gesichtspunkt konstituiert sie sich übrigens als Gewalt."*

> (Quelle: [15])

Wie dadurch Recht und Gewalt zueinander stehen, lässt sich schnell erkennen: Das Recht als eine Form der Manifestation von Moral ist natürlich demjenigen entsprungen, der sich ob seiner Stärke durchsetzen konnte und seine individuelle, subjektive Moral zum Gesetz machte.

> *„Das Recht ist die Forderung des Stärkeren, als eine Person behandelt zu werden durch den, den er unterwirft."*

> (Quelle: [15])

Was bedeutet das nun für unsere Überlegungen?

- Erstens können wir nun sagen, nach wessen Moral die Protestler „falsch" gehandelt haben: (nominell) nach der, die der Mehrheit der Bevölkerung zu eigen ist. (Nominell deshalb, weil es sich dabei um die Folgerung aus einer idealen Demokratie handelt; reell entspricht der Gesetzestext eines Staates wohl eher nicht vollständig eins zu eins dem Willen der Mehrheit, sondern den Überlegungen der verantwortlichen Juristen und Politiker, die im Namen der Mehrheit des Volkes agieren sollen.)

▪ Zweitens lässt sich festhalten, dass es überhaupt erst zu dieser Entladung von Gewalt gekommen ist, weil zwischen den individuellen moralischen Vorstellungen der Demonstranten und der Recht gewordenen Moral der Mehrheit der Bevölkerung Unterschiede bestanden und sich vor Ort eine Gelegenheit ergab, diese Gewalt an Repräsentanten des Volkes – die möglicherweise auch nicht als solche, sondern als eigentlich Waltende im „Tarnmantel" einer volksbasierten Legitimität agierend angesehen wurden – auszulassen.

▪ Drittens kann man die auf einfachere Wortwahl reduzierte Essenz dieser Überlegung folgendermaßen darstellen:

Eine kleine Gruppe von Menschen hat sich, bedingt durch Nichtübereinstimmung ihrer moralischen Ansichten mit denen der Mehrheit der Gesellschaft, die durch ein Gewaltmonopol diese zu geltendem Recht hat werden lassen, gegen eben diese erhoben.

In diesem Satz schwingt ein wenig der Geschmack von Widerstand gegen eine Diktatur mit. Ganz abwegig ist dieser Gedanke auch nicht; alle Begriffe sind nur über ihre Definition, nicht über ihre Konnotation zu verwenden. Und laut Duden handelt es sich bei der Diktatur im Staatssinne per definitionem um:

Unumschränkte, andere gesellschaftliche Kräfte mit Gewalt unterdrückende Ausübung der Herrschaft durch eine bestimmte Person, gesellschaftliche Gruppierung, Partei o. Ä. in einem Staat.

(Quelle: [16])

---

[16] Zum Wortsinn: https://www.duden.de/rechtschreibung/Diktatur

Zusammenfassend lässt sich aus den getätigten Überlegungen schlussfolgern, dass keine allgemeine Verurteilung des Handelns der Demonstranten im „Gut/Böse"-Sinne vorgenommen werden kann. Dies ist aber dem Existenzialismus auch nicht möglich. Einer seiner Teilaspekte ist gerade das Ablehnen universeller Werte. Es kann also auf der Ebene, auf der die Gesamtheit der Betrachtungen stattfindet – nämlich auf einer allgemeinen Betrachtung im existenzialistischen Sinn – nicht von einer Falschheit gesprochen, ja überhaupt keine Form der Bewertung abgegeben werden.

Der Mensch soll so handeln, wie er es in dieser oder jener Situation konkret für richtig hält, womit er einen Anspruch darauf schafft, wie sich die Menschen als solche konkret hier zu verhalten haben. Die (Sartre'sche) existentialistische Moral ist demnach nicht allgemein genormt, sondern der menschlichen „Auslegung" dessen, was jeder persönlich und konkret für richtig und falsch hält, unterworfen. Dies widerspricht auch nicht der Unterziehung des behandelten Sachverhalts in individuelle moralische Vorstellungen eines jeden Menschen.

Schlussgedanken

Was am 6. Januar 2021 in Washington, D.C. geschah, widerspricht in meinen Augen in vielerlei Hinsicht den Grundwerten, für die der Staat und die ihm zugrundeliegende Gesellschaftsform, die (zumindest teilweise) angeblich verteidigt werden sollten, eintreten. Die USA wurden unter anderem auch gegründet, um dem Wunsch nach einem demokratischen und damit gewaltarmen/-freien Miteinander, gesetzesgefestigten Normen und Verhinderung von Gewaltherrschaft in Zeiten der besonderen Willkürherrschaft Europas nachzukommen.

So sehr sich dieser Staat für die Freiheit des Individuums ausspricht und diese Freiheit – inzwischen nominell – jedem Einzelnen zugesteht, so kann und darf dies nicht als Aufforderung zu Anomie und Selbstjustiz aufgefasst werden, denn diese basieren nicht auf den allgemein vorhandenen und staatlichen Sinn stiftenden Gesetzen.

Ein wichtiger Aspekt ist darüber hinaus, dass Behauptungen und daraus resultierende Handlungen in einer Diskussion wie diejenige um die Rechtmäßigkeit des Wahlergebnisses, also Fragen zu einem eindeutig rein faktischen Sachverhalt, auch nur auf einer faktischen Grundlage fußen sollten. Dieses Konzept schützt jeden vor der unterschiedlichen Ansicht des anderen, indem dieser erst das überprüfbare Fundament seiner Position vorzubringen hat, ehe er im Anschluss Taten folgen lässt, die auch die Menschen betreffen. So sehr man vielleicht im Konflikt mit Gesetzen und Normen verschiedenster Art stehen will, so essenziell sind dennoch die grundlegenden Formen des Umgangs, die überhaupt erst garantieren, dass es ein **Mit**einander geben kann. Gegen (Teile) diese(r) grundlegenden Konventionen wurde verstoßen. Daraus folgte: Im Gebäude einer Institution, die demokratisches Miteinander und die Rechte von Menschen symbolisiert, wurden Menschen erschossen, erschlagen, zu Tode getrampelt und schwer verletzt.

Darüber ist aber wohl noch eine weitere Überlegung angebracht. Denn sowohl im Zuge der Überzeugungen, die von manchen der Akteure des 6. Januar vertreten wurden, als auch aufgrund der öffentlichen Reaktionen im Lager der Trump-Anhänger, kann nicht ausschließlich die Schuld für die Tätigung des Unrechts auf diejenigen geschoben werden, die die Gewalt offen angewandt oder sie zumindest als legitim betrachtet haben. Denn bei aller Verurteilungswürdigkeit ist dennoch zu bedenken, dass sie (in Teilen) der Überzeugung sind und waren, ihre Demokratie verteidigen zu müssen. Es geht dabei nicht darum, gewaltsame Kämpfe zu befürworten; aber die Frage, ob man wirklich niemals zu Gewalt greifen würde, wenn Regierung oder Parlament fortlaufend gegen die demokratischen Grundsätze der eigenen Gemeinschaft verstieße, selbst wenn dieses Tun womöglich wiederum ebenfalls dem demokratischen Gedanken widerspräche, sollte sich dennoch jeder Einzelne stellen.

Das meint noch nicht, dass in den USA tatsächlich Regierung oder Parlament so agiert hätte – es ist aber durchaus möglich, dass es vielen so vorkam und vorkommt, die am Sturm auf das Kapitol beteiligt waren, oder auch denen, die dieses Handeln verteidigen und verteidigt haben. Hier muss, anstatt die alleinige Schuld bei den Gewaltanwendern vor Ort zu suchen, vor allem auch nach demjenigen gefragt werden, der zu einem großen Teil zu verantworten hat, dass sich einige in einem derart existenziellen Kampf um ihre Demokratie wähnten. Und wer damit gemeint ist, der muss – so denke ich – nicht explizit mit Namen genannt werden.

Quellenverzeichnis

Konsultierte Internetseiten

- Wikipedia.de
- Duden.de
- Google Übersetzer
- Süddeutsche Zeitung (SZ)
- FactCheck (amerikanisch)
- Rev (amerikanisch)
- USA TODAY (amerikanisch)
- e-Hausaufgaben.de
- YouTube.de
- Arbeitsblaetter.stangl-taller.at
- ZDF.de (Mediathek)
- Deutschlandfunk.de

Bildquellen

- *Deckblatt, Grafik von Jean-Paul Sartre* (im Zuge einer Bildsuche via Start-page.com): https://www.heise.de/tp/features/Dirty-Jean-Paul-Sartre-3402103.html
- *Kapitel 3, Grafik des Freud'schen Apparates:* https://commons.wikimedia.org/wiki/File:Instanzenmodell.svg? uselang=de | *Urheber: Maxe85*

Spezifische Quellenangaben*

Allgemein:

- ZEIT: ZEITGeschichte – Epochen, Menschen, Ideen. Ausgabe 2/20 („Vorsicht, Verschwörung!")
- https://de.wikipedia.org/wiki/QAnon

---

* Darunter fallen schulisch erhaltene Unterlagen (kenntlich anhand der vorausgehenden Nennung des Faches und eventuell der Jahrgangsstufe), konsultierte Literatur und explizite Links zu den jeweiligen Quellorten im Internet.

- https://de.wikipedia.org/wiki/Pizzagate
- Geistesblitze und Genies: *Ideen, die unsere Welt veränderten.* Buch-Nr. 105170

Kapitel 1:

Größtenteils im Sinne der **Anmerkung [1]** übernommen und modifiziert aus *Wikipedia*

- https://de.wikipedia.org/wiki/Sturm_auf_das_Kapitol_in_Washington_2021
- https://www.sueddeutsche.de/politik/wahlen-trump-will-us-wahlergebnis-aendern-lassen-dpa.urn-newsml-dpa-com-20090101-210103-99-886783
- https://eu.usatoday.com/story/news/2021/01/08/capitol-mob-man-viral-photo-behind-nancy-pelosis-desk-arrested/6598761002/

Kapitel 2:

Menschenbild und Staatstheorie zu großen Teilen im Sinne der **Anmerkung [1]** übernommen und modifiziert aus *Wikipedia*

Aus dem Schulstoff Geschichte:
- Aus dem Schulstoff: Begründungsversuche absoluter Herrschaft; M9 (Thomas Hobbes, Leviathan, übers. v. Dorothee Tidow, hg. v. Peter Cornelius Mayer-Tasch, Rowohlt, Reinbek 1965, S. 96 ff., 136 ff.)
- https://de.wikipedia.org/wiki/Thomas_Hobbes
- https://de.wikipedia.org/wiki/Leviathan_(Thomas_Hobbes)
- https://e-hausaufgaben.de/Hausaufgaben/D1676-Thomas-Hobbes-Biographie-Werke.php

Kapitel 3:

Menschenbild zu großen Teilen übernommen und modifiziert aus Stangl, W. (2021): Sigmund Freud. [werner stangl]s arbeitsblätter

Aus dem Schulstoff Deutsch:
- Der psychische Apparat nach Sigmund Freud (Sigmund Freud: Das Ich und das Es; Das Ich und das Über-Ich. In: Ders. Studienausgabe, Bd. III, Psychologie des Unbewussten, Frankfurt am Main: Fischer Verlag, 7. Auflage 1994, S. 293 ff.)

- „So (wie der Vater) solst du sein, [aber] so (wie der Vater) darfst du nicht sein" – Der Ödipus-Komplex und das Dilemma der Söhne (Sigmund Freud: Das Ich und das Es; Das Ich und das Über-Ich. In: Ders. Studienausgabe Bd. III, Psychologie des Unbewussten. Frankfurt am Main: Fischer Verlag, 7. Auflage 1994, S. 302 ff.)
- https://de.wikipedia.org/wiki/Sigmund_Freud
- https://arbeitsblaetter.stangl-taller.at/WISSENSCHAFTPSYCHOLOGIE/ PSYCHOLOGEN/Freud. shtml
- Triebtheorie: https://de.wikipedia.org/wiki/Triebtheorie
- Rechtsextremismus (unter anderem in den USA)

Kapitel 4:

Menschenbild zu geringen Teilen im Sinne der **Anmerkung** [1] übernommen und modifiziert aus *Wikipedia*, größtenteils eigener Text auf Basis angegebener Quelle

- Aus dem Schulstoff Ethik Stufe 11:
- M1 Fachwissenschaftliche Orientierung zum Existentialismus mit den Schwerpunkten „I Der Existentialismus – eine europäische Protestbewegung", „II Verurteilt, frei zu sein! – Das Menschenbild Sartres", „III Determiniert im Blick des Anderen", „IV Sartres Wirkung bis heute"
- M2 Wer war Jean-Paul Sartre? – Eine Skizze seiner Biografie
- M3 Der Existentialismus ist ein Humanismus – ein Text Sartres' mittels einer Strukturskizze erfassen (Text: Sartre, Jean-Paul: Der Existentialismus ist ein Humanismus und andere philosophische Essays (1946), übersetzt von Vincent von Wroblewsky, 7. Auflage, Rowohlt Taschenbuch Verlag, Reinbek bei Hamburg 2014, S. 147–155)
- M7 Philosophische Anthropologie im 20. Jahrhundert (Hannah Arendt: Die Geburt des Selbst bei Kierkegaard)

Aus dem Schulstoff Ethik Stufe 12:
   – AB Menschenbilder in der Philosophie
   – AB Warum strebt der Mensch nach Macht?
- https://de.wikipedia.org/wiki/Jean-Paul_Sartre
- Sartre'scher Existenzialismus: BBC Radio 4 (https://youtu.be/qpXNRrtuo38)